Kalendarz 2022/2023

ANNA KARABIN-KUSS

Odnaleziona w Czasie

2022/2023

SEPTEMBER

MON	TUE	WED	THU	FRI	SAT	SUN
			1	2	3	4
5	6	7	8	9	10	11
12	13	14	15	16	17	18
19	20	21	22	23	24	25
26	27	28	29	30		

OCTOBER

MON	TUE	WED	THU	FRI	SAT	SUN
					1	2
3	4	5	6	7	8	9
10	11	12	13	14	15	16
17	18	19	20	21	22	23
24	25	26	27	28	29	30
31						

NOVEMBER

MON	TUE	WED	THU	FRI	SAT	SUN
	1	2	3	4	5	6
7	8	9	10	11	12	13
14	15	16	17	18	19	20
21	22	23	24	25	26	27
28	29	30				

DECEMBER

MON	TUE	WED	THU	FRI	SAT	SUN
			1	2	3	4
5	6	7	8	9	10	11
12	13	14	15	16	17	18
19	20	21	22	23	24	25
26	27	28	29	30	31	

JANUARY

MON	TUE	WED	THU	FRI	SAT	SUN
						1
2	3	4	5	6	7	8
9	10	11	12	13	14	15
16	17	18	19	20	21	22
23	24	25	26	27	28	29
30	31					

FEBRUARY

MON	TUE	WED	THU	FRI	SAT	SUN
		1	2	3	4	5
6	7	8	9	10	11	12
13	14	15	16	17	18	19
20	21	22	23	24	25	26
27	28					

MARCH

MON	TUE	WED	THU	FRI	SAT	SUN
		1	2	3	4	5
6	7	8	9	10	11	12
13	14	15	16	17	18	19
20	21	22	23	24	25	26
27	28	29	30	31		

APRIL

MON	TUE	WED	THU	FRI	SAT	SUN
					1	2
3	4	5	6	7	8	9
10	11	12	13	14	15	16
17	18	19	20	21	22	23
24	25	26	27	28	29	30

MAY

MON	TUE	WED	THU	FRI	SAT	SUN
1	2	3	4	5	6	7
8	9	10	11	12	13	14
15	16	17	18	19	20	21
22	23	24	25	26	27	28
29	30	31				

JUNE

MON	TUE	WED	THU	FRI	SAT	SUN
			1	2	3	4
5	6	7	8	9	10	11
12	13	14	15	16	17	18
19	20	21	22	23	24	25
26	27	28	29	30		

JULY

MON	TUE	WED	THU	FRI	SAT	SUN
					1	2
3	4	5	6	7	8	9
10	11	12	13	14	15	16
17	18	19	20	21	22	23
24	25	26	27	28	29	30
31						

AUGUST

MON	TUE	WED	THU	FRI	SAT	SUN
	1	2	3	4	5	6
7	8	9	10	11	12	13
14	15	16	17	18	19	20
21	22	23	24	25	26	27
28	29	30	31			

My Activity Log

29 August 2022

1

2

3

4

5

6

30 August 2022

1

2

3

4

5

6

31 August 2022

1

2

3

4

5

6

August 2022

My Activity Log

1
2
3
4
5
6

1
2
3
4
5
6

1
2
3
4
5
6

September 2022

My Activity Log

1

2

3

4

5

6

1

2

3

4

5

6

1

2

3

4

5

6

My Activity Log

1	
2	
3	
4	
5	
6	

1	
2	
3	
4	
5	
6	

1	
2	
3	
4	
5	
6	

My Activity Log

1	
2	
3	
4	
5	
6	

1	
2	
3	
4	
5	
6	

1	
2	
3	
4	
5	
6	

September 2022

My Activity Log

1	
2	
3	
4	
5	
6	

1	
2	
3	
4	
5	
6	

1	
2	
3	
4	
5	
6	

September 2022

My Activity Log

1	
2	
3	
4	
5	
6	

1	
2	
3	
4	
5	
6	

1	
2	
3	
4	
5	
6	

September 2022

My Activity Log

1

2

3

4

5

6

1

2

3

4

5

6

1

2

3

4

5

6

September 2022

My Activity Log

1	
2	
3	
4	
5	
6	

1	
2	
3	
4	
5	
6	

1	
2	
3	
4	
5	
6	

My Activity Log

29 September 2022

1	
2	
3	
4	
5	
6	

FRIDAY 30 September 2022

1	
2	
3	
4	
5	
6	

SATURDAY, SUNDAY 1,2 October 2022

1	
2	
3	
4	
5	
6	

October 2022

My Activity Log

3 October 2022

1	
2	
3	
4	
5	
6	

TUESDAY 4 October 2022

1	
2	
3	
4	
5	
6	

WEDNESDAY 5 October 2022

1	
2	
3	
4	
5	
6	

October 2022

My Activity Log

THURSDAY 6 October 2022

1
2
3
4
5
6

FRIDAY 7 October 2022

1
2
3
4
5
6

SATURDAY, SUNDAY 8,9 October 2022

1
2
3
4
5
6

October 2022

My Activity Log

MONDAY   10 October 2022

1	
2	
3	
4	
5	
6	

TUESDAY   11 October 2022

1	
2	
3	
4	
5	
6	

WEDNESDAY   12 October 2022

1	
2	
3	
4	
5	
6	

October 2022

My Activity Log

1

2

3

4

5

6

1

2

3

4

5

6

1

2

3

4

5

6

October 2022

My Activity Log

17 October 2022

1	
2	
3	
4	
5	
6	

TUESDAY 18 October 2022

1	
2	
3	
4	
5	
6	

WEDNESDAY 19 October 2022

1	
2	
3	
4	
5	
6	

October 2022

My Activity Log

1

2

3

4

5

6

1

2

3

4

5

6

1

2

3

4

5

6

October 2022

My Activity Log

1	
2	
3	
4	
5	
6	

1	
2	
3	
4	
5	
6	

1	
2	
3	
4	
5	
6	

October 2022

My Activity Log

1

2

3

4

5

6

1

2

3

4

5

6

1

2

3

4

5

6

October 2022

My Activity Log

1	
2	
3	
4	
5	
6	

1	
2	
3	
4	
5	
6	

1	
2	
3	
4	
5	
6	

My Activity Log

1

2

3

4

5

6

1

2

3

4

5

6

1

2

3

4

5

6

My Activity Log

MONDAY   7 November 2022

1	
2	
3	
4	
5	
6	

TUESDAY   8 November 2022

1	
2	
3	
4	
5	
6	

WEDNESDAY   9 November 2022

1	
2	
3	
4	
5	
6	

November 2022

My Activity Log

1	
2	
3	
4	
5	
6	

FRIDAY 11 November 2022

1	
2	
3	
4	
5	
6	

SATURDAY, SUNDAY 12,13 November 2022

1	
2	
3	
4	
5	
6	

My Activity Log

MONDAY   14 November 2022

1	
2	
3	
4	
5	
6	

TUESDAY   15 November 2022

1	
2	
3	
4	
5	
6	

WEDNESDAY   16 November 2022

1	
2	
3	
4	
5	
6	

November 2022

My Activity Log

1

2

3

4

5

6

1

2

3

4

5

6

1

2

3

4

5

6

My Activity Log

21 November 2022

1	
2	
3	
4	
5	
6	

22 November 2022

1	
2	
3	
4	
5	
6	

23 November 2022

1	
2	
3	
4	
5	
6	

November 2022

My Activity Log

1

2

3

4

5

6

1

2

3

4

5

6

1

2

3

4

5

6

My Activity Log

28 November 2022

1

2

3

4

5

6

29 November 2022

1

2

3

4

5

6

30 November 2022

1

2

3

4

5

6

November 2022

My Activity Log

1 December 2022

1	
2	
3	
4	
5	
6	

FRIDAY 2 December 2022

1	
2	
3	
4	
5	
6	

SATURDAY, SUNDAY 3,4 December 2022

1	
2	
3	
4	
5	
6	

December 2022

My Activity Log

MONDAY 5 December 2022

1	
2	
3	
4	
5	
6	

TUESDAY 6 December 2022

1	
2	
3	
4	
5	
6	

WEDNESDAY 7 December 2022

1	
2	
3	
4	
5	
6	

December 2022

My Activity Log

8 December 2022

1

2

3

4

5

6

FRIDAY 9 December 2022

1

2

3

4

5

6

SATURDAY, SUNDAY 10,11 December 2022

1

2

3

4

5

6

December 2022

My Activity Log

MONDAY   12 December 2022

1	
2	
3	
4	
5	
6	

TUESDAY   13 December 2022

1	
2	
3	
4	
5	
6	

WEDNESDAY   14 December 2022

1	
2	
3	
4	
5	
6	

December 2022

My Activity Log

1	
2	
3	
4	
5	
6	

1	
2	
3	
4	
5	
6	

1	
2	
3	
4	
5	
6	

My Activity Log

19 December 2022

1

2

3

4

5

6

20 December 2022

1

2

3

4

5

6

21 December 2022

1

2

3

4

5

6

December 2022

My Activity Log

THURSDAY   22 December 2022

1	
2	
3	
4	
5	
6	

FRIDAY   23 December 2022

1	
2	
3	
4	
5	
6	

SATURDAY, SUNDAY   24,25 December 2022

1	
2	
3	
4	
5	
6	

December 2022

My Activity Log

MONDAY 26 December 2022

1	
2	
3	
4	
5	
6	

TUESDAY 27 December 2022

1	
2	
3	
4	
5	
6	

WEDNESDAY 28 December 2022

1	
2	
3	
4	
5	
6	

December 2022

My Activity Log

1	
2	
3	
4	
5	
6	

FRIDAY   30 December 2022

1	
2	
3	
4	
5	
6	

SATURDAY, SUNDAY   31 December 2022, 1 January 2023

1	
2	
3	
4	
5	
6	

January 2023

My Activity Log

2 January 2023

1	
2	
3	
4	
5	
6	

TUESDAY   3 January 2023

1	
2	
3	
4	
5	
6	

WEDNESDAY   4 January 2023

1	
2	
3	
4	
5	
6	

January 2023

My Activity Log

THURSDAY   5 January 2023

1	
2	
3	
4	
5	
6	

FRIDAY   6 January 2023

1	
2	
3	
4	
5	
6	

SATURDAY, SUNDAY   7, 8 January 2023

1	
2	
3	
4	
5	
6	

My Activity Log

1	
2	
3	
4	
5	
6	

1	
2	
3	
4	
5	
6	

1	
2	
3	
4	
5	
6	

January 2023

My Activity Log

1
2
3
4
5
6

1
2
3
4
5
6

1
2
3
4
5
6

My Activity Log

16 January 2023

1	
2	
3	
4	
5	
6	

TUESDAY   17 January 2023

1	
2	
3	
4	
5	
6	

WEDNESDAY   18 January 2023

1	
2	
3	
4	
5	
6	

January 2023

My Activity Log

1	
2	
3	
4	
5	
6	

1	
2	
3	
4	
5	
6	

1	
2	
3	
4	
5	
6	

My Activity Log

MONDAY   23 January 2023

1
2
3
4
5
6

TUESDAY   24 January 2023

1
2
3
4
5
6

WEDNESDAY   25 January 2023

1
2
3
4
5
6

January 2023

My Activity Log

1

2

3

4

5

6

1

2

3

4

5

6

1

2

3

4

5

6

My Activity Log

1

2

3

4

5

6

1

2

3

4

5

6

1

2

3

4

5

6

My Activity Log

1
2
3
4
5
6

1
2
3
4
5
6

1
2
3
4
5
6

My Activity Log

1	
2	
3	
4	
5	
6	

1	
2	
3	
4	
5	
6	

1	
2	
3	
4	
5	
6	

February 2023

My Activity Log

9 February 2023

1

2

3

4

5

6

FRIDAY 10 February 2023

1

2

3

4

5

6

SATURDAY, SUNDAY 11, 12 February 2023

1

2

3

4

5

6

My Activity Log

1

2

3

4

5

6

1

2

3

4

5

6

1

2

3

4

5

6

February 2023

My Activity Log

THURSDAY   16 February 2023

1	
2	
3	
4	
5	
6	

FRIDAY   17 February 2023

1	
2	
3	
4	
5	
6	

SATURDAY, SUNDAY   18, 19 February 2023

1	
2	
3	
4	
5	
6	

February 2023

My Activity Log

1

2

3

4

5

6

1

2

3

4

5

6

1

2

3

4

5

6

My Activity Log

1	
2	
3	
4	
5	
6	

1	
2	
3	
4	
5	
6	

1	
2	
3	
4	
5	
6	

My Activity Log

27 February 2023

1	
2	
3	
4	
5	
6	

28 February 2023

1	
2	
3	
4	
5	
6	

1 March 2023

1	
2	
3	
4	
5	
6	

My Activity Log

THURSDAY 2 March 2023

1	
2	
3	
4	
5	
6	

FRIDAY 3 March 2023

1	
2	
3	
4	
5	
6	

SATURDAY, SUNDAY 4, 5 March 2023

1	
2	
3	
4	
5	
6	

March 2023

My Activity Log

6 March 2023

1	
2	
3	
4	
5	
6	

7 March 2023

1	
2	
3	
4	
5	
6	

8 March 2023

1	
2	
3	
4	
5	
6	

March 2023

My Activity Log

1

2

3

4

5

6

1

2

3

4

5

6

1

2

3

4

5

6

My Activity Log

13 March 2023

1	
2	
3	
4	
5	
6	

TUESDAY   14 March 2023

1	
2	
3	
4	
5	
6	

WEDNESDAY   15 March 2023

1	
2	
3	
4	
5	
6	

March 2023

My Activity Log

16 March 2023

1

2

3

4

5

6

FRIDAY 17 March 2023

1

2

3

4

5

6

SATURDAY, SUNDAY 18, 19 March 2023

1

2

3

4

5

6

March 2023

My Activity Log

20 March 2023

1

2

3

4

5

6

21 March 2023

1

2

3

4

5

6

22 March 2023

1

2

3

4

5

6

March 2023

My Activity Log

1

2

3

4

5

6

1

2

3

4

5

6

1

2

3

4

5

6

My Activity Log

27 March 2023

1

2

3

4

5

6

28 March 2023

1

2

3

4

5

6

29 March 2023

1

2

3

4

5

6

March 2023

My Activity Log

1	
2	
3	
4	
5	
6	

1	
2	
3	
4	
5	
6	

1	
2	
3	
4	
5	
6	

My Activity Log

1	
2	
3	
4	
5	
6	

1	
2	
3	
4	
5	
6	

1	
2	
3	
4	
5	
6	

April 2023

My Activity Log

1

2

3

4

5

6

1

2

3

4

5

6

1

2

3

4

5

6

My Activity Log

10 April 2023

1
2
3
4
5
6

11 April 2023

1
2
3
4
5
6

12 April 2023

1
2
3
4
5
6

April 2023

My Activity Log

1	
2	
3	
4	
5	
6	

FRIDAY   14 April 2023

1	
2	
3	
4	
5	
6	

SATURDAY, SUNDAY   15, 16 April 2023

1	
2	
3	
4	
5	
6	

My Activity Log

MONDAY 17 April 2023

1	
2	
3	
4	
5	
6	

TUESDAY 18 April 2023

1	
2	
3	
4	
5	
6	

WEDNESDAY 19 April 2023

1	
2	
3	
4	
5	
6	

April 2023

My Activity Log

April 2023

THURSDAY 20 April 2023

1
2
3
4
5
6

FRIDAY 21 April 2023

1
2
3
4
5
6

SATURDAY, SUNDAY 22, 23 April 2023

1
2
3
4
5
6

April 2023

My Activity Log

24 April 2023

1

2

3

4

5

6

25 April 2023

1

2

3

4

5

6

26 April 2023

1

2

3

4

5

6

April 2023

My Activity Log

27 April 2023

1	
2	
3	
4	
5	
6	

FRIDAY 28 April 2023

1	
2	
3	
4	
5	
6	

SATURDAY, SUNDAY 29, 30 April 2023

1	
2	
3	
4	
5	
6	

My Activity Log

1 May 2023

1	
2	
3	
4	
5	
6	

TUESDAY   2 May 2023

1	
2	
3	
4	
5	
6	

WEDNESDAY   3 May 2023

1	
2	
3	
4	
5	
6	

May 2023

My Activity Log

4 May 2023

1

2

3

4

5

6

FRIDAY 5 May 2023

1

2

3

4

5

6

SATURDAY, SUNDAY 6, 7 May 2023

1

2

3

4

5

6

May 2023

My Activity Log

1	
2	
3	
4	
5	
6	

1	
2	
3	
4	
5	
6	

1	
2	
3	
4	
5	
6	

May 2023

My Activity Log

1
2
3
4
5
6

1
2
3
4
5
6

1
2
3
4
5
6

My Activity Log

1

2

3

4

5

6

1

2

3

4

5

6

1

2

3

4

5

6

May 2023

My Activity Log

1

2

3

4

5

6

1

2

3

4

5

6

1

2

3

4

5

6

My Activity Log

22 May 2023

1
2
3
4
5
6

23 May 2023

1
2
3
4
5
6

24 May 2023

1
2
3
4
5
6

May 2023

My Activity Log

25 May 2023

1

2

3

4

5

6

FRIDAY 26 May 2023

1

2

3

4

5

6

SATURDAY, SUNDAY 27, 28 May 2023

1

2

3

4

5

6

May 2023

My Activity Log

29 May 2023

1
2
3
4
5
6

30 May 2023

1
2
3
4
5
6

31 May 2023

1
2
3
4
5
6

May 2023

My Activity Log

1

2

3

4

5

6

1

2

3

4

5

6

1

2

3

4

5

6

June 2023

My Activity Log

1

2

3

4

5

6

1

2

3

4

5

6

1

2

3

4

5

6

My Activity Log

1

2

3

4

5

6

1

2

3

4

5

6

1

2

3

4

5

6

My Activity Log

12 June 2023

1	
2	
3	
4	
5	
6	

TUESDAY   13 June 2023

1	
2	
3	
4	
5	
6	

WEDNESDAY   14 June 2023

1	
2	
3	
4	
5	
6	

June 2023

My Activity Log

1

2

3

4

5

6

1

2

3

4

5

6

1

2

3

4

5

6

My Activity Log

1
2
3
4
5
6

1
2
3
4
5
6

1
2
3
4
5
6

June 2023

My Activity Log

1	
2	
3	
4	
5	
6	

1	
2	
3	
4	
5	
6	

1	
2	
3	
4	
5	
6	

My Activity Log

26 June 2023

1

2

3

4

5

6

27 June 2023

1

2

3

4

5

6

28 June 2023

1

2

3

4

5

6

June 2023

My Activity Log

1

2

3

4

5

6

1

2

3

4

5

6

1

2

3

4

5

6

My Activity Log

3 July 2023

1	
2	
3	
4	
5	
6	

TUESDAY   4 July 2023

1	
2	
3	
4	
5	
6	

WEDNESDAY   5 July 2023

1	
2	
3	
4	
5	
6	

July 2023

My Activity Log

1

2

3

4

5

6

1

2

3

4

5

6

1

2

3

4

5

6

My Activity Log

MONDAY   10 July 2023

1	
2	
3	
4	
5	
6	

TUESDAY   11 July 2023

1	
2	
3	
4	
5	
6	

WEDNESDAY   12 July 2023

1	
2	
3	
4	
5	
6	

July 2023

My Activity Log

13 July 2023

1

2

3

4

5

6

FRIDAY 14 July 2023

1

2

3

4

5

6

SATURDAY, SUNDAY 15, 16 July 2023

1

2

3

4

5

6

July 2023

My Activity Log

1

2

3

4

5

6

1

2

3

4

5

6

1

2

3

4

5

6

My Activity Log

1	
2	
3	
4	
5	
6	

1	
2	
3	
4	
5	
6	

1	
2	
3	
4	
5	
6	

My Activity Log

1

2

3

4

5

6

1

2

3

4

5

6

1

2

3

4

5

6

July 2023

My Activity Log

1	
2	
3	
4	
5	
6	

1	
2	
3	
4	
5	
6	

1	
2	
3	
4	
5	
6	

July 2023

My Activity Log

31 July 2023

1

2

3

4

5

6

1 August 2023

1

2

3

4

5

6

2 August 2023

1

2

3

4

5

6

August 2023

My Activity Log

3 August 2023

1	
2	
3	
4	
5	
6	

FRIDAY 4 August 2023

1	
2	
3	
4	
5	
6	

SATURDAY, SUNDAY 5, 6 August 2023

1	
2	
3	
4	
5	
6	

August 2023

My Activity Log

7 August 2023

1	
2	
3	
4	
5	
6	

8 August 2023

1	
2	
3	
4	
5	
6	

9 August 2023

1	
2	
3	
4	
5	
6	

August 2023

My Activity Log

10 August 2023

1
2
3
4
5
6

FRIDAY 11 August 2023

1
2
3
4
5
6

SATURDAY, SUNDAY 12, 13 August 2023

1
2
3
4
5
6

August 2023

My Activity Log

14 August 2023

1

2

3

4

5

6

15 August 2023

1

2

3

4

5

6

16 August 2023

1

2

3

4

5

6

August 2023

My Activity Log

1	
2	
3	
4	
5	
6	

1	
2	
3	
4	
5	
6	

1	
2	
3	
4	
5	
6	

My Activity Log

MONDAY 21 August 2023

1

2

3

4

5

6

TUESDAY 22 August 2023

1

2

3

4

5

6

WEDNESDAY 23 August 2023

1

2

3

4

5

6

August 2023

My Activity Log

24 August 2023

1

2

3

4

5

6

FRIDAY   25 August 2023

1

2

3

4

5

6

SATURDAY, SUNDAY   26, 27 August 2023

1

2

3

4

5

6

August 2023

My Activity Log

1

2

3

4

5

6

1

2

3

4

5

6

1

2

3

4

5

6

August 2023

My Activity Log

1
2
3
4
5
6

1
2
3
4
5
6

1
2
3
4
5
6

September 2023